Januier 1627.

EDICT DV ROY,

POVR LA VENTE

en heredité de la Permiſſion de
tenir Hoſtelleries, Tauernes, Cabarets, & faire trafficq de vin en
gros: Auec pouuoir d'en diſpoſer par les aquereurs à l'aduenir,
leurs veſues ou heritiers.

*Verifié en la Cour des Aydes, à Paris,
le 8. May, 1627.*

A PARIS,

Par A. ESTIENE, P. METTAYER
& C. PREVOST, Imprimeurs
ordinaires du Roy.

M DC. XXVII.

Auec Priuilege de ſa Majeſté. (2)

OVYS, par la grace de Dieu,
Roy de France & de Nauarre,
A tous prefens & à venir, Salut. Le feu Roy Henry troifié-
me, noftre tres-honoré Sei-
gneur & oncle, voulant pour-
uoir aux abus que commettent les Hoftelliers,
Tauerniers & Cabaretiers, tant à loger & re-
ceuoir toutes fortes de perfonnes de mauuaife
vie, qu'à l'excez du prix des viures qu'ils four-
niffent à leurs hoftes, Auroit par fon Edict du
mois de Mars 1577. deuëment verifié, fait vn
reglement fur l'eftabliffement des Hoftelleries,
Tauernes & Cabarets, & entre autres chofes
ordonné que nul ne les peuft tenir, fans au
preallable auoir pris Lettres de prouifion dudit
Sieur Roy, & fait apparoir à nos Officiers des
lieux, d'atteftations vallables de leurs vies &
mœurs, comme auffi fait ferment de bien &
deuëment obferuer les Ordonnances, & payer
la finance à laquelle ils feroient pour ce taxez.
Depuis lequel Edict par Lettres de Declaration
du 3. Decembre 1581. auffi deuëment regiftrées,
ledit Sieur Roy auroit declaré auoir entendu
comprendre en iceluy les Marchands de vin en
gros, & ordonné que tous ceux qui faifoient,
ou feroient de là en auant trafic ou achapts de
vin en gros en toutes nos Villes, Bourgs, Villa-

A ij

ges, Paroiſſes, Havres, Ports de Mer & de Ri-
nieres de ceſtuy noſtre Royaume, ſeroient tenus de prendre des Lettres de permiſſion qui
leur ſeroient octroyées en tel nombre & lieux
qu'il ſera iugé neceſſaire: Lequel Edict & Declaration, il auroit eſté impoſſible d'executer, à
cauſe des troubles lors ſuruenuës en ce Royaume; tellement que la plus grande partie deſdits
Hoſtelliers, Tauerniers, Cabaretiers & Marchands de vin en gros à preſent eſtablis, contre
la teneur dudit Edict & Declaration, iouïſſent
dudit exercice ſans en auoir aucune permiſſion
de Nous, ny de nos predeceſſeurs Rois, ny payé
aucune finance: Encore que le feu Roy Henry
le Grand, noſtre tres-honoré ſeigneur & pere,
(que Dieu abſolue) par ſes Lettres patentes en
forme de Commiſſion du 21 Feurier 1595. ad-
dreſſantes à nos Iuges & Officiers des lieux,
leur ait expreſſément enioinct d'en Informer:
Surquoy nous auroit eſté propoſé, que s'il nous
plaiſoit faire executer ledit Edict & Declaration, & ordóner la vente deſdittes Permiſſions
de tenir Hoſtelleries, Tauernes & Cabarets,
& vendre du vin en gros, nous en tirerions vn
notable ſecours en la neceſſité preſente de nos
affaires: Mais conſiderans qu'en ce faiſant ceux
qui font à preſent ledit trafic, & ont fait leur
eſtabliſſement dans les Villes, Bourgs & Villages, meſmes ont acheté leurs Prouiſiós, croyás
le continuër, ſeroient entierement ruïnez, ſi
par le moyen de laditte vente d'autres perſonnes eſtoient admiſes en leur lieu & place: Nous

auons estimé qu'il seroit plus à propos de les y
conseruer, & asseurer ledit exercice & trafic en
leurs familles, en leur accordant lesdittes permissions à tiltre d'heredité, moyennant finance moderée qu'ils seront tenus nous payer. A
CES CAVSES, Sçauoir faisons, Qu'apres
auoir mis cét affaire en deliberation en nostre
Conseil, où estoient la Royne nostre tres-ho-
norée Dame & Mere, aucuns Princes de nostre sang, autres Princes & Officiers de nostre Couronne, & autres grands & notables
personnages: DE l'aduis d'iceluy, & de nos cer-
taine science, pleine puissance & authorité
Royale, Auons par cestuy nostre Edict perpe-
tuel & irreuocable, Dit, statué & ordonné,
Disons, statuons & ordonnons, Voulons &
nous plaist, Que doresnauant tous lesdits Hostelliers, Tauerniers, Cabaretiers & Marchands
de vin en gros, qui font à present ledit trafic
ès Villes, Bourgs, Villages & Paroisses, Havres & Ports de Mer & de Riuieres de nostre
Royaume, Terres & païs de nostre obeïssan-
ce, & sans que le nombre en puisse estre augmenté, possedent & iouïssent doresnauant &
à l'aduenir, de ladicte faculté & exercice à tiltre
d'heredité, auec pouuoir de les vendre & en
disposer au profit de telles personnes que bon
leur semblera, Sans que par leur decez, leurs
vesues ou heritiers, en puissent estre depossé-
dez, ny que pour raison de ladicte heredité il
soit procedé à la vente & reuente desdittes facultez & permissions: ains seulement seront

A iij

lesdits Hostelliers, Tauerniers, Cabaretiers &
Marchands de vin en gros à present establis,
tenus nous payer les sommes à quoy ils seront
moderément taxez pour ledit droict d'heredité, par les Commissaires qui seront par Nous
deputez : surquoy leur sera déduit ce qu'ils iustifieront auoir cy-deuant payé en nos parties
Casuelles, sans fraude ny déguisement. Et en
cas de refus de payer lesdittes taxes dans hui-
taine apres la publication des Presentes, Nous
voulons qu'il soit procedé par lesdits Commissaires à la vente desdites facultez & permissions
audit tiltre d'heredité, au plus offrant & dernier encherisseur ; Et permis à toutes personnes
nes d'entrer au lieu & place de ceux qui ne
voudront payer lesdittes taxes, lesquels pourront faire ledit trafic, ou le bailler à ferme se-
lon & ainsi qu'il sera ordonné par lesdits Commissaires, & qu'ils iugeront que nostre condition sera plus aduantageuse : Auquel cas nous
faisons defenses à ceux qui ne payeront lesdittes taxes, de s'entremettre doresnauant à faire ledit trafic, à peine de cent liures d'amende,
appliquable le tiers à Nous, l'autre tiers aux
pauures & l'autre au denonciateur. A la char-
ge que ceux qui auront cy-deuant obtenu Lettres & payé finance, ne pourront estre depos-
sedez, sans estre au preallable remboursez
comptant de ce qu'ils iustifieront auoir payé
en nos parties Casuelles pour lesdittes permissions. Voulons que ceux desdits Hostelliers, Tauerniers, Cabaretiers ou Marchands de vin

en gros qui auront payé lefdittes taxes d'heredité en confequence du prefent Edict, iouïf-
fent defdittes permiffions, en vertu des quittances du Treforier de nofdittes parties Ca-
fuelles, fans qu'ils puiffent eftre adftraincts de
prendre Lettres de Nous, ny autre Contract.
Seront neantmoins tenus lefdits Hoftelliers,
Tauerniers, Cabaretiers & Marchands de vin
en gros, d'obferuer les Edicts, Declarations
& Reglements cy-deuant faits pour raifon dudit exercice fur les peines y contenuës : Et ne
pourront feparer ny diuifer lefdittes permiffions, pour les faire exercer par plufieurs perfonnes; ains par vn feul & aux mefmes Villes,
Bourgs & lieux où ils font à prefent eftablis:
Ce que nous leur defendons tres-expreffé-
ment à peine d'amende arbitraire & d'eftre pri-
uez dudit exercice. Permettons toutefois à
tous nos Sujects de vendre le vin de leur creu à
pot, ainfi qu'ils ont accouftumé, fans pouuoir
faire affeoir en leurs maifons, fur les mefmes
peines appliquables comme deffus. Si DON-
NONS en mandement à nos amez & feaux
Confeillers les gens tenans noftre Cour des
Aydes à Paris, que ceftuy noftre prefent Edict
ils verifient & façent enregiftrer felon fa forme & teneur, fans aucune reftriction ny mo-
dification. CAR tel eft noftre plaifir. Et afin
que ce foit chofe ferme & ftable à toujours,
Nous auons fait mettre & appofer noftre feel
à cefdittes Prefentes, fauf en autre chofe noftre droict & l'autruy en toutes. DONNE' à

Paris, au mois de Ianuier, l'an de grace mil six
cens vingt-sept, & de noltre regne le dix-septiéme. Signé, LOVYS. Et plus bas,
Par le Roy, DE LOMENIE. Et à costé,
VISA. Et seellé du grand seau de cire verte
sur lacqs de soye rouge & verte.

*Iussion du Roy pour la Verification
du present Edict.*

LOVYS, par la grace de Dieu, Roy
de France & de Nauarre, A nos
amez & feaux Conseillers les gens tenans nostre Cour des Aydes à Paris,
Salut. Nostre Edict du mois de Ianuier
dernier vous ayãt esté presenté afin de le
verifier, pour l'establissemét en heredité,
des Hostelleries, Tauernes, Cabarets, &
trafic de védre vin en gros, au ressort de
nostredite Cour: Par vostre Arrest donné ce iourd'huy vous auriez declaré n'y
auoir lieu de verification dudit Edict,
sans en exprimer aucunes causes, com-
bien qu'il ne soit à aucune foulle & op-
pression à nos subiects, n'y ayant aucuns
droicts, exemptions, ny attributions,
ains vne permission que nous entendons
que lesdits Hostelliers, Cabaretiers, Tauerniers & Marchands de vin en gros,
ayent

ayent , ainſi que nous l'auons accordée à pluſieurs petits Offices de Police, & qu'il ſe practique pour tous les Arts & Meſtiers de noſtre Royaume, qui ſont adſtraincts de prédre permiſſion de Nous. Et dautant qu'il importe grandement au bien de noſtre ſeruice , & à l'eſtat & neceſſité preſente de nos affaires, que laditte verification ſoit faicte au pluſtoſt; Nous de l'aduis de noſtre Conſeil, qui a veu voſtredit Arreſt , auec le ſuſdit Edict , qui eſt volontaire & ſans contraincte , Vous mandons , & ordonnons par ces preſentes ſignées de noſtre main , que nonobſtant voſtredit Arreſt de refus , & quelques remonſtrances que vous nous pourriez faire ſur ce ſujet, leſquelles nous tenons pour ouyés & entenduës; Vous ayez à proceder à la verification pure & ſimple de noſtredit Edict dudit mois de Ianuier dernier, ſans y apporter de retardement, de difficulté, ny attendre de nous autre plus exprés commandement que ceſdittes preſentes : qui vous ſeruiront de premiere & derniere iuſſion : CAR tel eſt noſtre plaiſir. Donné à Paris le 27. iour d'Auril , l'an de grace 1617. & de noſtre

regne le dix-septiéme. Signé LOVYS,
Et plus bas, Par le Roy, DE LOMENIE.
Et scellé du grand seau de cire iaune, &
contrescellé.

*Leu, publié & registré en la Cour des Aydes,
ouy le Procureur general du Roy, aux char-
ges portées par l'Arrest du iourd'huy. A Paris
le 8. iour de May, l'an mil six cens vingt-sept.*
Signé,   DELAISTRE.

---

*Commission du Roy pour l'execution
dudit Edict.*

LOVYS, par la grace de Dieu, Roy de France & de Nauarre, A nos amez & feaux
Conseillers en nostre Cour des Aydes à Paris,
les sieurs Foucault, Barthelemy, Hebert, Lor-
mier, Quarrehôme, Cotel & Denets, SALVT.
Par nostre Edict du mois de Ianuier dernier,
verifié en nostreditte Cour le 8 iour du present
mois, Nous aurions pour certaines causes &
considerations, ordonné que doresnauant tous
les Hostelliers, Tauerniers, Cabaretiers, &
Marchands de vin en gros, qui font à present
ledit trafic és Villes, Bourgs, Villages, Paroisses, Havres, Ports de Mer & de Riuieres de
nostre Royaume, Terres & pays de nostre o-
beïssance, & sans que le nombre y peust estre
augmenté, possedent & iouyssent à l'aduenir à tiltre d'heredité dudit exercice, auec pou-

uoir de les vendre , & en diſpoſer au profit de
telles perſonnes que bon leur ſemblera , ſans
que par leur decez leurs veſues ou heritiers
en puiſſent eſtre depoſſedez , ny que pour rai-
ſon de ladite heredité il ſoit procedé à la vente
& reuente deſdittes facultez & permiſſions,
ains ſeulement ſeront leſdits Hoſtelliers , Tauerniers, Cabaretiers, & Marchands de vin en
gros à preſent eſtablis , tenus nous payer les
ſommes à quoy ils ſeroient taxez pour ledit
droict d'heredité, par les Commiſſaires qui ſeroient par nous deputez ; ſurquoy leur ſeroit
déduit ce qu'ils iuſtifieroient auoir cy deuant
payé en nos parties Caſuelles : & en cas de refus de payer leſdittes taxes dans huictaine
apres la publication dudit Edict, Nous aurions
ordonné par iceluy qu'il ſeroit procedé par leſdits Commiſſaires à la vente deſdittes facultez
& permiſſions audit tiltre d'heredité au plus
offrant & dernier encheriſſeur,& permis à toutes perſonnes d'entrer au lieu & place de ceux
qui ne voudront payer leſdittes taxes; leſquels
pourront faire ledit trafic , ou le bailler à ferme, ſelon & ainſi qu'il ſeroit ordonné par leſdits Commiſſaires, & qu'ils iugeroient noſtre
condition plus aduantageuſe; Auquel cas nous
aurions faict defenſes par ledit Edict à ceux
qui ne payeroiét leſdittes taxes, de s'entremettre d'oreſnauant à faire ledit trafic, à peine de
cent liures d'amende , applicables le tiers à
Nous, l'autre tiers aux pauures, & l'autre au
denonciateur, ainſi que le tout eſt plus au long

contenu audit Edict ; Pour l'execution duquel,
attendu la particuliere cognoissance que vous
auez en telles affaires , à plein confians de vos
sens, probité, integrité, experience & bonne diligence, Vous auons commis & deputez , com-
mettons & deputons par ces presentes , pour
ensemblement ou deux de vous en l'absence
des autres , proceder à l'execution dudit Edict,
auec pouuoir de subdeleguer : Et à la requeste
de nostre Procureur General en nostreditte
Cour , que nous auons aussi commis & depu-
té auec vous, poursuitre & diligence de Mai-
stre Louys Godron par nous Commis à faire la
recepte desdits deniers , & porteur des quittances du Tresorier de nos parties Casuelles,
ou de ses Commis , Vous ayez à enioindre &
mãder à tous les Presidens, Lieutenãs & Esleuz
de chacune des Eslections en chef , estans en &
au dedans du ressort de nostreditte Cour des
Aydes à Paris, & à la premiere semonce & in-
terpellation qui leur en sera faicte, de vous en-
uoyer en nostreditte ville pardeuers nostredit
Procureur General , vn roolle contenant le
nombre & distinction des Principaux, Moyens
& Petits Hostelliers , Tauerniers & Cabaretiers, & Marchands de vin en gros , & vn
aduis des sommes à quoy chacun d'eux pourra
estre taxé moderement pour iouyr de laditte
heredité ; lequel roolle sera dressé en presence
des Substituts de nostredit Procureur General
en chacune eslection , signé desdicts Esleus, &
de leur Greffier , seellé de son seau , & petit

seau, dont sera laiſſé autant au Greffe deſdittes
Eſlections pout y auoir recours: Pour faire leſquels roolles leſdits Eſleus feront appeller par-
deuant eux tous leſdits Hoſtelliers, Tauerniers,
Cabaretiers, & Marchãds de vin en gros, à cer-
tain iour, pour aſſiſter ſi bon leur ſemble auſdittes taxes, pour leſdits roolles & aduis rappor-
tez pardeuers vous, eſtre par vous procedé
auſdittes taxes, ainſi que vous iugerez en vos
loyautez & conſciences: leſquelles leſdits Hoſtelliers, Tauerniers, Cabaretiers, & Marchãds
de vin en gros, feront tenus payer, enſemble
le ſol pour liure, ordonné eſtre leué outre
le principal d'icelles, & les quittances du Tre-
ſorier de nos Parties Caſuelles remplies con-
formement aux ſommes portées par leſdits
roolles qui feront par vous arreſtez, & les am-
pliations rapportées. Et à faute de payer par
leſdits Hoſtelliers, Tauerniers, Cabaretiers, &
Marchands de vin en gros, les ſommes portées
par leſdits roolles pour iouyr de ladite heredité, ſera procedé par vous, ou leſdits Eſleus
ſubdeleguez, à la vente deſdittes facultez en heredité, ſoit aux autres Hoſtelliers, Tauerniers
& Cabaretiers, qui payeront leſdittes taxes, ou
autres qui ſe preſenteront, au plus offrant &
dernier encheriſſeur, & à eux permis d'en diſpoſer, les reuendre, ou bailler à ferme. Auquel
cas nous defendons à ceux qui ne voudront
payer leurſdittes taxes, de s'entremettre d'oreſnauant à faire ledit trafic & exercice, à peine
deſdittes cent liures d'amende, applicables

B iij

comme deſſus, & dont ſera par vous ou vos ſubdeleguez, deliuré executoire, comme pour nos deniers & affaires : & neantmoins ne pourront eſtre dépoſſedez ſans eſtre prealla-blement rembourſez de la finance qu'ils au-ront payée, dont ils feront apparoir, & ne ſe-ra permis d'oreſnauant à quelques perſonnes que ce ſoit, de tenir Hoſtelleries, Tauernes & Cabarets, ny faire aucun trafic de ven-dre vin en gros, ſi ce n'eſt par le decez ou demiſſion de ceux qui auront payé ou acquis ledit droict d'heredité, de leurs veſues ou heri-tiers, ſur les peines ſuſdittes : le tout confor-mement audit Edict, lequel au ſurplus vous executerez ſelon ſa forme & teneur. Et où il arriueroit des procés & differents concernant l'execution de voſtreditte commiſſion, Vou-lons eſtre par vous iugez iuſques à ſentence diffinitiue incluſiuement; & par prouiſion iuſ-ques à trois cents liures, nonobſtant oppoſi-tions ou appellations quelconques: & tous les frais qui ſeront faits en execution d'icelle, ta-xez par vous, & payez par le Commis à laditte recepte ſur vos ordonnances: leſquelles, enſem-ble leſdittes taxes, ventes deſdittes permiſſions, ſentences & iugemens qui ſeront par vous donnez, nous auons dés à preſent validez; Et en ce faiſant que les pourueus deſdittes facul-tez, & leurs ſucceſſeurs, ou ayants cauſe, iouyſ-ſent pleinement & paiſiblement deſdittes per-miſſions & hereditez, auec garantie de tout ce qui leur aura eſté ainſi par vous vendu, taxé &

adiugé : & au cas qu'en l'execution de ladicte
commiſſion vous faciez des ventes & adiudica-
tions, ou autres actes pour leſquels vous ayez
beſoin de Greffier, Nous entendons que vous
y employez l'vn des trente-deux Greffiers des
Commiſſions extraordinaires, ou leur ſubde-
legué, & non d'autres, à peine de faux. Mandons à tous nos Huiſſiers & Sergents mettre
vos Ordonnances & contrainctes à execution.
Car tel eſt noſtre plaiſir. DONNE' à Paris le 13.
iour de May, l'an de grace 1617. & de noſtre
regne le dix-ſeptiéme.   Signé, LOVYS.
Et plus bas, Par le Roy, DE LOMENIE,
Et ſeellé du grand ſeau de cire iaune en ſimple queuë.

Collationné aux Originaux, par moy
Conſeiller Secretaire du Roy.

www.ingramcontent.com/pod-product-compliance
Lightning Source LLC
LaVergne TN
LVHW021818060726
842528LV00004B/1409